# BEI GRIN MACHT SICH IHR WISSEN BEZAHLT

- Wir veröffentlichen Ihre Hausarbeit,
  Bachelor- und Masterarbeit

- Ihr eigenes eBook und Buch -
  weltweit in allen wichtigen Shops

- Verdienen Sie an jedem Verkauf

## Jetzt bei www.GRIN.com hochladen und kostenlos publizieren

# Die Smart City als intelligentes Ökosystem der deutschen Stadt?

**Bibliografische Information der Deutschen Nationalbibliothek:**

Die Deutsche Nationalbibliothek verzeichnet diese Publikation in der Deutschen Nationalbibliografie; detaillierte bibliografische Daten sind im Internet über http://dnb.d-nb.de abrufbar.

ISBN: 9783346437969
Dieses Buch ist auch als E-Book erhältlich.

Druck und Bindung: Books on Demand GmbH, Norderstedt Germany
Gedruckt auf säurefreiem Papier aus verantwortungsvollen Quellen

Das vorliegende Werk wurde sorgfältig erarbeitet. Dennoch übernehmen Autoren und Verlag für die Richtigkeit von Angaben, Hinweisen, Links und Ratschlägen sowie eventuelle Druckfehler keine Haftung.

Das Buch bei GRIN: https://www.grin.com/document/1025282

NBS Northern Business School
Wirtschaftsinformatik

SS 2020

**„Internet der Dinge:**

**Die Smart City als intelligentes Ökosystem der deutschen Stadt."**

# Inhaltsverzeichnis

# Abkürzungsverzeichnis

mind.      mindestens

vgl.       vergleiche

IoT       Internet of Things

Difu      Deutsches Institut für Urbanistik

# Abbildungsverzeichnis

# 1. Einleitung

Städte prägen die deutsche Gesellschaft und bedürfen dadurch ein hohes Maß an Aufmerksamkeit. Das zeigt der Grad der Urbanisierung in Deutschland. Rund 77,4 Prozent der Gesamtbevölkerung Deutschlands lebten im Jahr 2019 in Städten.[1]

Auch wenn die Urbanisierung in Deutschland nur noch langsam voranschreitet, wachsen und wandeln sich unsere Städte als urbaner Lebensraum weiter. Dabei sind Städte Orte der Vielfalt, des Interessenaustauschs, der Innovation und der Konflikte. Sie gelten als Entwicklungszentren neuer Ideen und bilden gleichzeitig die Grundlage für Innovationen. Das alte Image der hektischen, lauten und verdreckten Städte wird abgelöst durch die vielfältigen Möglichkeiten, die unsere Städte zu bieten haben und ihre Offenheit, die die freie und individuelle Entfaltung ihrer Bewohner ermöglicht. Dabei spielt das Maß an Lebensqualität eine wichtige Rolle. Die Optimierung der bestehenden Stadtstrukturen und die Verbesserung der Lebensqualität ihrer Bewohner führt zu der steigenden Attraktivität der Städte.[2]

Trotz ihrer Bedeutsamkeit als Lebensraum und ihres Zukunftspotenzials, stehen unsere Städte vor großen Herausforderungen. Nach Aussage der Difu (Deutsches Institut für Urbanistik) zählt die Schaffung von bezahlbarem Wohnraum zu den größten Herausforderungen der deutschen Städte. Weitere Herausforderungen bilden die Themen Mobilität, Digitalisierung, Finanzen, Bildung und Integration.[3] Der weitreichende Aufgabenpool der Kommunen befasst sich neben administrativen Hindernissen auch mit Herausforderungen wie dem Klimawandel. Dabei fordert vor allem der Klimawandel und seine immensen Auswirkungen eine schnelle und nachhaltige Entwicklung der Stadt, um die Folgen des Klimawandels in und für die Stadt zu reduzieren.[4]

Angesichts der Bedeutung der Städte und zeitgleich der Vielfalt an Herausforderungen, die es zu bewältigen gilt, wird die Suche nach einer nachhaltigen und effektiven Entwicklungsstrategie immer wichtiger. Ein Entwicklungsmodell ist die Smart City, die durch das Internet der Dinge die Nutzung digitaler Technologien in allen Bereichen ei-

---

1 Vgl. Statista 2020: Urbanisierungsgrad: Anteil der Stadtbewohner an der Gesamtbevölkerung in Deutschland in den Jahren von 2000 bis 2019, auf: https://de.statista.com/statistik/daten/studie/662560/umfrage/urbanisierung-in-deutschland/, 28.09.20202

2 Vgl. Online-Redaktion zukunftsInstitut: Urbanisierung: Die Stadt von morgen, auf: https://www.zukunftsinstitut.de/artikel/urbanisierung-die-stadt-von-morgen/, 28.09.2020

3 Vgl. Pressemitteilung der Difu: Difu-Umfrage: Wohnraummangel ist derzeit die größte Herausforderung für die Städte, auf: difu.de/12576, 28.09.2020

4 Vgl. Deutscher Städtetag: Anpassung an den Klimawandel in den Städten Forderungen, Hinweise und Anregungen, Berlin und Köln 2019, S. 4

ner Kommune anstrebt.[5] Ob und inwiefern ein Smart City-Konzept die nachhaltige und effiziente Organisation und Entwicklung einer Stadt fördert, wird im Folgenden diskutiert. Dafür werden zuerst die theoretischen Grundlagen und Kenntnisse im Bezug auf die Stadtentwicklung und dem Internet der Dinge dargestellt. Des Weiteren werden die für die Arbeit verwendeten Definitionen erläutert und ein einheitliches Fundament von Grundwissen geschaffen, um dieses dann im Hauptteil zu verwenden. Im Hauptteil werden die Möglichkeiten und das Handlungsspektrum einer Smart City erläutert und auf ihre Effizienz und Nachhaltigkeit geprüft. Abschließend soll eine fundierte Erkenntnis über den Nutzen der Anwendung einer Smart City entstehen.

## 2. Theorie und Stand der Forschung

### 2.1 Stadt

Ein einheitliche Definition des Begriffes „Stadt" existiert nicht, da die Entstehung einer Stadt durch räumliche und zeitliche Gegebenheiten individuell geprägt wird. Aus diesem Grund gibt es Städte in unterschiedlichsten Formen und Größen. Mit Hilfe Grundlegender Kriterien können sie jedoch beschrieben werden. Zum einen werden Städte durch ihre Größe und der Einwohnerzahl, durch den Rechtsstatus und ihre Autonomie, durch die Stadtgestalt und Befestigung, sowie durch die Marktfunktion und Zentralität definiert. Zum anderen wird der Begriff Urbanität[6] als Maßstab zur Klassifizierung einer Stadt immer öfter verwendet.[7]

Eine Stadt hebt sich durch ihre Autorität und Entscheidungsmacht gegenüber dem ländlichen Raum ab. Das Handlungsfeld einer Kommune[8] umfasst diverse Aufgaben, die sich in Pflichtaufgaben und freiwillige Leistungen gliedern lassen. Per Gesetz werden den Kommunen Pflichtaufgaben von Bund oder Ländern vorgeschrieben. Freiwillige Leistungen erlegt sich die Gemeinde selbst auf und dient zumeist der Lebensqualität in der jeweiligen Gemeinde. Zu den zentralen Arbeitsschwerpunkten einer Kommune gehört die Gewährleistung von Sicherheit und Ordnung, die technische Versorgung, Bautätigkeit und Stadtentwicklung, sowie kulturelle Tätigkeiten. Die Ordnungsfunktion der Kommunen unterhält zum einen staatliche Aufgaben, wie das Standesamtwesen

---

[5] Vgl. Bundesministerium des Innern, für Bau und Heimat: Smart Cities: Stadtentwicklung im digitalen Zeitalter, auf: https://www.bmi.bund.de/DE/themen/bauen-wohnen/stadt-wohnen/stadtentwicklung/smart-cities/smart-cities-node.html, 28.09.2020

[6] Urbanität ist ein normativer Begriff der unterschiedliche Aspekte umfasst. Kurz gefasst beschreibt Urbanität das gebildete, individualisierte Leben innerhalb eines baulich verdichteten Raumes in dem Selbstbestimmung, Diversität und Heterogenität vorzufinden sind. Vgl. Sonne, Wolfgang: Urbanität und Dichte im Städtebau des 20. Jahrhunderts, Bremen 2016, S. 35f.

[7] Vgl. Lampen, Angelika und Schmidt, Christine D.: Stadtbegriff, auf: http://www.staedtegeschichte.de/einfuehrung/Definitionen.html, 27.09.2020

[8] Kommune steht in der Verwaltungssprache für Gemeinde (Dorf, Stadt) siehe Duden, auf: https://www.duden.de/rechtschreibung/Kommune, 15.09.2020

oder Lebensmittelkontrollen und zum anderen die öffentliche Sicherheit durch Polizei, Gewerbeaufsicht und Feuerschutz. Die technische Versorgung beinhaltet die Pflege und den Bau von öffentlichen Straßen, sowie die Beschäftigung einer Versorgungsinfrastruktur, zu der die Wasser- und Energieversorgung, die Abfallentsorgung und die Abwasserbeseitigung zählen. Zu den kulturellen Tätigkeiten gehören zum einen klassische Kulturangebote, wie Museen, Büchereien oder Theater und zum anderen auch der Unterhalt von Schulen, wobei letzteres im Gegensatz zu den klassischen Angeboten Pflichtaufgabe einer Kommune ist.[9]

## 2.2 Stadtentwicklung

Abgesehen von dem dehnbaren Stadtbegriff, der sich durch unterschiedlichste Kriterien definieren lässt, ist die Stadt an sich gleichermaßen in ständigem Wandel und wird durch den Lauf der Zeit geprägt. Städte können als soziale Organismen verstanden werden. In ihnen lebt die Vergangenheit und zugleich werden sie durch die Zukunft geprägt und verändert. Die Stadtentwicklung folgt zeittypischen Leitbildern und konstruiert aus der Stadt infolge von immer neuen Strategien und Möglichkeiten eine heterogene Oberfläche.[10]

Die Stadtentwicklung kann schlicht als die Entfaltung jeglicher Prozesse innerhalb eines urbanen Raums beschrieben werden. Jene, die der Stadtgesellschaft angehören, nehmen dabei unbewusst als auch bewusst Einfluss auf die Entwicklung der Stadt. Die unterschiedlichen Akteure, die der Entwicklung beiwohnen, sind zum einen das kommunale Parlament und die kommunale Verwaltung, die den Entwicklungskurs der Stadt angeben und die Entscheidungsgewalt besitzen. Sie treffen alle Entscheidungen im Rahmen der Kommunalpolitik und sind für die Erfüllung der weisungsgebundenen Pflichtaufgaben zuständig. Ungeachtet dessen, dass die öffentlichen Akteure die Rahmenbedingungen schaffen, spielen die Bürgerschaft, sowie die Marktakteure eine ebenso wichtige Rolle bei der Gestaltung der Stadt. Unter den Akteuren des Marktes gliedern sich Investoren, Bau-, Boden- und Immobilienunternehmen, sowie Einzelhändler, die an der physischen und funktionalen Gestaltung einer Stadt, aus meist wirtschaftlichen Gründen, mitwirken. Die Bürgerschaft beeinflusst unbewusst die Stadtentwicklung durch die Wahl ihres Wohnstandortes und ihr Verkehrs-, Konsum- und Freizeitverhalten. Die Bürger gestalten durch Nachfrage nach bestimmten städtischen

---

[9] Vgl. Frank, Elena; Hildebrandt, Jens; Pardon, Beatrice; Vandamme, Ralf: Verwaltungshandel, S.1f., auf: https://www.bpb.de/izpb/257303/verwaltungshandeln?p=0, 27.09.2020

[10] Vgl. Rüthers, Monica: Städte im Wandel, S.1, auf: https://www.bpb.de/politik/innenpolitik/stadt-und-gesellschaft/216894/geschichte-der-stadtentwicklung?p=0, 27.09.2020

Nutzungen, ihr soziales und kulturelles Umfeld und nehmen eigenständig durch initiierte Handlungen Einfluss auf die städtische Gesellschaft.[11]

Neben den städtischen Akteuren nehmen auch verschiedenste Determinanten Einfluss auf die Entwicklung einer Stadt. Einerseits beeinflussen unveränderliche topographische sowie historische Gegebenheiten die Stadtentwicklung, andererseits tragen stetig wandelnde Einflussfaktoren zum Entwicklungskurs einer Stadt bei. Zu den veränderlichen Einflussfaktoren zählen der Klimawandel, technologische Entwicklungen, institutionelle und politische Rahmenbedingungen, sowie wirtschaftlicher und gesellschaftlicher Wandel.[12]

Neben der Benennung der theoretischen Entwicklungsfaktoren, die eine Stadt beeinflussen, müssen im Zuge der Arbeit die tatsächlichen Trends und Herausforderungen, mit denen sich eine deutsche Stadt beschäftigt, thematisiert und analysiert werden. Einer der großen Herausforderungen, mit der die Städte heutzutage zu kämpfen haben, sind die Urbanisierungsprozesse, die Kontroverse der Entwicklungstrends erschwert die langfristige Stadtgestaltung. Im Zuge der Suburbanisierung ziehen mehr Menschen ins Umland und in Folge dessen auch Dienstleister, gleichzeitig wird durch die Neo-Reurbanisierung der Ausbau von Infrastruktur und der Bau von Geschäfts- und Wohnhäusern vorangetrieben. Hinzu kommen die zeitlichen Veränderungen innerhalb einer Stadt. Zum einen soziale Entwicklungen, die neue Ansprüche an das städtische Umfeld stellen, zum anderen der Bedarf an Instandhaltung und Modernisierung von Gebäuden und Infrastruktur. Wie in Kapitel 2.1 festgehalten gehört die technische Versorgung, also die Beschäftigung eines Straßennetzes sowie einer Versorgungsinfrastruktur, zu den Aufgaben einer Kommune. Die aus diesem Bereich ausgehenden Hemmnisse sind zum einen das erhöhte Verkehrsaufkommen, der hohe Bedarf an Energie und die Überlastung der Wasser- und Abwasserversorgung. Neben den technischen Herausforderungen kommen noch spürbare und soziale Problematik hinzu. Lärm und Smog, sowie zunehmender Tourismus und Migration strapazieren das Stadtleben. Zu guter Letzt schränken die meist limitierten Ressourcen der Städte die Entwicklungsbemühungen stark ein und neben Entwicklungsentscheidungen muss für Stabilität und Flexibilität gesorgt werden.[13]

---

[11] Vgl. Ravin, Dimitri: Stadtentwicklung erklärt, auf: https://urban-digital.de/stadtentwicklung/#3_Determinanten_der_-Stadtentwicklung, 27.09.2020

[12] Vgl. Ravin, Dimitri, ebenda

[13] Vgl. Gassmann, Oliver; Böhm, Jonas; Palmié, Maximilian: Smart City Innovationen für die vernetzte Stadt – Geschäftsmodelle und Management, München 2018, S. 6-15

## 2.3 Ökosystem

Das Ökosystem beschreibt ein komplexes Wirkungsgefüge zwischen verschiedenen Lebewesen innerhalb ihrer anorganischen Umwelt. Ein ökologisches System kann sowohl in der natürlichen Umwelt als auch in der von Menschen erschaffenen Welt aufgefunden werden.[14]

Im Zuge der Arbeit wird die Stadt als Ökosystem beschrieben. Die Stadt kann als ein von Menschen geschaffenes Ökosystem verstanden werden, in dem auf engstem Raum natürliche und von menschen verursachte Faktoren miteinander interagieren. Das urbane Ökosystem unterscheidet sich durch seine weitaus höhere Komplexität und durch eine Vielzahl von Eigenschaften von einem natürlichen Ökosystem. Durch die Komplexität der Stadt ist sie als Ökosystem, verglichen mit natürlichen Ökosystemen, einer höheren Belastung ausgesetzt. Die hohe Komplexität erschließt sich aus der Vielzahl an Komponenten, die innerhalb einer Stadt zusammenwirken und als System verknüpft werden müssen. Dabei liegt die Schwierigkeit in der engen Verknüpfung von natürlichen und anthropogenen Faktoren, die gegebenen natürliche Faktoren müssen mit der künstlich erbauten Umwelt in Einklang gebracht werden.[15]

Die Stadt als Ökosystem und die damit verbundene Vernetzung von Stadtkomponenten bildet den Anstoß zur Analyse der Möglichkeiten des Internet der Dinge.

## 2.4 Internet der Dinge

Unter dem Begriff „Internet der Dinge", im Englischen „Internet of things" (IoT), versteht man die Vernetzung von Gegenständen über das Internet. Die auch als Smart Devices bezeichneten Gegenstände sind durch eine eindeutige Identität im Netzwerk autorisierbar. Ihre elektronische Intelligenz ermöglicht ihnen Aufgaben voll automatisiert auszuführen und mit anderen Geräten oder Systemen in Interaktionen zu treten. Dabei unterscheidet man zwischen der Kommunikation von Maschine zu Maschine und der Kommunikation von Mensch zu Gerät.[16]

Die technische Grundlage für einen Aufbau einer IoT-Technologie bilden das Internet und die Mikroprozessortechnik. Dank der Mikroprozessortechnik lassen sich Gegenstände mit elektronischer Intelligenz ausstatten und durch die Anbindung an das Internet wird die Kommunikation mit anderen Gegenständen möglich. Gegenstände, die mit

---

[14] Vgl. Feess, Eberhard; Günther Edeltraud: Ökosystem, auf: https://wirtschaftslexikon.gabler.de/definition/oekosystem-46538, 28.09.2020

[15] Vgl. Henninger, Sascha: Stadtökologie: Bausteine des Ökosystems Stadt, Paderborn 2011, S.11ff.

[16] Vgl. Luber, Stefan; Litzel, Nico: Definition Was ist das Internet of things?, auf: https://www.bigdata-insider.de/was-ist-das-internet-of-things-a-590806/, 28.09.2020

elektronischer Intelligenz ausgestattet sind, können über das Internet Daten erhalten und versenden, sowie Befehle annehmen und bearbeiten. Grundsätzlich besteht durch das Internet jedoch die Gefahr angreifbar zu sein, wie durch eine Nutzung von Unbefugten oder der Angriff von außen. Diese Sicherheitsrisiken müssen neben den vielfältigen Möglichkeiten des IoTs berücksichtigt werden, damit eine sichere Nutzung der Technologie stattfinden kann. Der Einsatz von Sicherungstechnologien bei dem Aufbau einer IoT-Anwendung ist damit unausweichlich.[17]

Ebenso wie das Internet unendliche Möglichkeiten für den Nutzer bereitstellt, bietet das Internet der Dinge vielfältige Anwendungsmöglichkeiten und ein breites Anwendungsspektrum für Betriebe und die Wirtschaft. Nach Auffassung der Alliance for Internet of Things Innovation (AIOTI) existieren zehn Hauptanwendungsgebiete. Anwendung finden IoT-Technologien zum einen in speziell auf Nutzer angelegten Gebieten, wie das Smart Home, das Smart Health oder Wearables (IT-Systeme die am Köper getragen werden, Smarte Kleidung). Des Weiteren findet das IoT Verwendung in der Gebäudeoptimierung (Smart Building), als Smart City, im Bereich der Smart Energy, in Fahrzeugen (Smart Mobility) und in der Landwirtschaft (Smart Farming). Zu guter Letzt werden IoT-Anwendungen zur Überwachung der Umwelt genutzt und innerhalb der Produktion eingesetzt (Smart Industry). Im Vordergrund bei der Anwendung einer IoT-Technologie steht bei allen Anwendungsfällen die Optimierung und das Monitoring, dabei liest das IoT die Daten aus und macht sie nutzbar, um im Sinne der Effizienzsteigerung Veränderungen einzuleiten.[18]

Im Hinblick auf das vielfältige Anwendungsspektrum und die zu beantwortende Fragestellung wird innerhalb der Arbeit weniger auf die unterschiedlichen Anwendungsmöglichkeiten eingegangen und vielmehr der Fokus auf die Smart City Anwendung gelegt.

## 2.5 Smart City

Die Smart City steht für eine intelligente und vernetzte Stadt, die die Entwicklung digitaler Technologien in fast allen kommunalen Bereichen nutzt. Ziel ist die Steigerung der Effizienz einer Stadt zum Nutzen der Bewohner und der städtischen Infrastruktur. Das Internet der Dinge dient als Grundlage für den Datenaustausch und die Informationsbereitstellung zwischen den vielfältigen Akteuren einer Kommune.[19]

---

[17] Vgl. Luber, Stefan; Litzel, Nico, ebenda

[18] Vgl. Kaufman, Timothy; Servatius, Hans-Gerd: Das Internet der Dinge und Künstliche Intelligenz als Game Changer, Springer Fachmedien Wiesbaden 2020, Kapitel 1 S. 9ff.

[19] Vgl. o.V.: Smart City, auf: https://www.itwissen.info/Smart-City-smart-city.html, 27.09.2020

Das Smart City Konzept entstand als Lösungsansatz im Hinblick auf die bestehenden und zukünftigen Herausforderungen, die auf das Stadtleben einwirken. Dabei ist das Smart City Konzept nicht ein festgeschriebenes Konzept, sondern äußert sich in vielen unterschiedlichen Ansätzen und Ideen. Die Kernidee besteht darin, dass die Stadt „smart" werden soll, bedeutet, dass die Stadtentwicklung intelligent, Effizienz steigernd und nachhaltig agiert. Durch das Internet und moderne Informations- und Kommunikationstechnologien soll die Stadt, angesichts einem gleichbleibendem oder geringerem Verbrauch an Ressourcen, den Standard der Stadt erhöhen und stabilisieren. Dabei hat das Smart City Konzept Auswirkung auf die Lebensqualität der Bürger, auf die Resilienz und die Wettbewerbsfähigkeit der Stadt, ebenso wie auf die Umwelt, im Sinne der schonenderen Nutzung. Die Vielfältigkeit der Wirkung einer Smart City liegt an der weitreichenden Verwendung. In fast allen Bereichen einer Kommune ist solch ein Konzept anwendbar, wie beispielsweise innerhalb der Infrastruktur, in der Produktion und innerhalb der Logistik, in der sozialen Infrastruktur (Bildung, Gesundheit, Kultur), in der Politik oder für Sicherheit und Schutz.[20]

Um die theoretischen Möglichkeiten einer Smart City zu realisieren, ist es zunächst hilfreich mithilfe des IoT ein „digitalen Schatten" der Stadt zu erstellen. Produkte, Leistungen und Prozesse innerhalb der Stadt werden als Abbild in der digitale Welt gespeichert. Dadurch wird die Stadt wortwörtlich digitalisiert und alle in der Stadt enthaltenen Komponenten können untereinander Daten austauschen, analysieren und verarbeiten. Der digitale Schatten ist neutral und an keinen Zweck gebunden, erst durch das Speichern von Daten und der intelligenten und selbststeuernden Analyse werden Szenarien visualisiert und gespeichert. Durch die Vernetzung der städtischen Akteure mithilfe des digitalen Schattens wird dieser zum Grundbaustein einer Smart City [21]

---

[20] Vgl. Hadzik, Tobias: Smart Cities - Eine Bestandsaufnahme von Smart City-Konzepten in der Praxis, Köln 2016, S. 21-24

[21] Vgl. Gassmann, Oliver; Böhm, Jonas; Palmié, Maximilian, ebenda, S. 19ff.

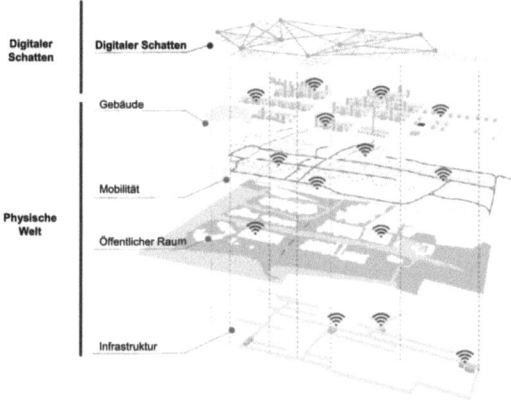

Abbildung 2.1 Digitaler Schatten einer Stadt[22]

Im Hinblick auf die Komplexität einer Stadt sind an den digitalen Schatten hohe Ansprüche geknüpft, um die Stadt als ganzes wahrheitsgetreu wiederzuspiegeln. Wie in Abbildung 2.1 sichtbar ist, werden mithilfe des digitalen Schattens jegliche Komponenten der Stadt vernetzt und interagieren dadurch miteinander. Um die Stadt als Ganzes korrekt zu erfassen, muss die Komplexität der Stadt, von ihrer baulichen Nutzung bis hin zu ihrer Nutzung durch die Bewohner, im digitalen Schatten strukturiert reflektiert werden. Dabei ist die digitale Erfassung der Stadt und die Vernetzung der unterschiedlichen Komponenten nur ein Gegenstand der Smart City, die Zugänglichkeit der Daten und ihre Sicherheit spielen eine ebenso wichtige Rolle.[23]

Die Datenbereitstellung und Sicherung decken ihrerseits ein großflächiges Themengebiet ab, innerhalb der Arbeit werden daher die technologischen und digitalen Aufgaben und Möglichkeiten weniger thematisiert. Das Konzept einer Smart City und ihre Anwendungsmöglichkeiten liegen im Fokus, um den positiven Nutzen für die Stadt erkennbar zu machen oder gegebenenfalls die Schwierigkeiten heraus zu stellen.

## 2.6 Smart City Anwendungsbeispiele

Zur Verdeutlichung der Möglichkeiten im Bereich der Smart City werden innerhalb dieses Kapitels bestehende Projekte innerhalb Deutschlands beispielhaft veranschaulicht. Das erste Beispiel ist die Stadt München, in der sich aktuell drei Stadtteilprojekte in der Umsetzungsphase befinden. Die Projekte sind unabhängig in ihrer Planung sowie Ziel-

---

[22] Vgl. Gassmann, Oliver; Böhm, Jonas; Palimé, Maximilian, ebenda, S. 21

[23] Vgl. Gassmann, Oliver; Böhm, Jonas; Palimé, Maximilian, ebenda, S. 19-22

setzung und verfolgen unterschiedliche Smart-City-Leistungsbereiche. Das erste Projekt „Civitas Eccentric" befindet sich im Domagkpark und integriert seit Ende 2016 Mobilitätsstationen, um neue Mobilitätskonzepte auszutesten. Durch die Mobilitätsstationen stehen den Bewohnern verschiedene Verkehrsträger wie beispielsweise Autos, Fahrräder oder Elektroroller zur Verfügung. Solaranlagen auf den Dächern der Wohnungen sorgen für Strom zum Aufladen der Akkus und über eine App können freie Stellplätze reserviert und genutzt werden. Das zweite Projekt „City2Share" verfolgt im Stadtteil Sendling das Ziel durch weniger Verkehr, weniger Emissionen zu generieren und somit höhere Lebensqualität mit besserer Mobilität zu erzielen. Verschiedene elektronische Verkehrsträger können durch dieses Projekt über spezielle Apps gemietet werden. Das letzte Projekt „Smart Together" befindet sich im Stadtteil Neuaubing-Westkreuz/Freiham. Innerhalb des Umsetzungszeitraumes von 5 Jahren wirken die Städt Lyon, Wien und München zusammen, um in den Gebieten Energie, Mobilität und Technologie voneinander zu lernen. Konkret wird die energetische Sanierung von Wohnanlagen, multimodale Mobilitätsangebote, eine Sandviertel-App und Intelligente Lichtmasten verfolgt.[24]

Ein weiteres Beispiel bietet die Stadt Wolfsburg mit ihrem Ziel eine Smart City Strategie in alle Themenfelder der Stadtentwicklung und Digitalisierung zu integrieren. Die Smart City Strategie soll dabei vor allem mit lokaler Perspektive neue Wege und Lösungen offenbaren, die unter Einbindung der Öffentlichkeit erfolgen soll. Inhaltlich wird der Aufbau einer Daten- und Service-, digitalen Infrastruktur geplant. Zudem soll wie in München ein multimodales Mobilitätsangebot entstehen.[25]

Neben der Großstädte befassen sich ebenfalls kleine Städte mit der Smart City Thematik, wie die Bergstadt Zwönitz zeigt. Ein Ziel des Projektes ist die Schonung von Umweltressourcen durch den Aufbau eines Internets der Dinge und durch die Optimierung kommunaler Einrichtungen. Des Weiteren sollen die Einwohner in den Smart City Entwicklungsprozess mit einbezogen werden und die Begeisterung für die Digitalisierung geweckt werden. Die Stadt versucht durch autark versorgte und mit vielen Smart Home Accessoires ausgestattete Tiny-Houses ihre Ziele zu erreichen.[26]

---

[24] Vgl. Gassmann, Oliver; Böhm, Jonas; Palimé, Maximilian, ebenda, S. 78ff.

[25] Vgl. Bundesministerium des Innern, für Bau und Heimat: Modellprojekte Smart Cities, auf: https://www.bmi.bund.de/SharedDocs/downloads/DE/publikationen/themen/bauen/wohnen/kurzbeschreibung-modellprojekte-smart-cities.pdf?__blob=publicationFile&v=3, 28.09.2020

[26] Vgl. Bundesministerium des Innern, für Bau und Heimat: Modellprojekte Smart Cities, ebenda

# 3. Hauptteil

## 3.1 Herleitung der Fragestellung

Inwiefern unterstützt der Einsatz eines Smart City-Konzepts die nachhaltige und effiziente Organisation und Entwicklung einer deutschen Stadt?

Die Siedlungssituationen in Deutschland folgt keinem konstanten Entwicklungsprozess. Sowohl Wachstum als auch Schrumpfungen sind in den unterschiedlichen Räumen auffindbar. Städte kämpfen einerseits mit zunehmender Verstädterung der Bevölkerung, andererseits mit der Abwanderung in ländliche Gebiete und dem daraus resultierenden Leerstand.[27] Hinzu kommen, wie in Abschnitt 2.2 thematisiert, technische und fühlbare Herausforderungen, wie beispielsweise überlastete Verkehrssysteme oder der Klimawandel. Sämtliche Faktoren stellen eine Hürde in der Stadtentwicklung dar und beeinträchtigen die Planung und Organisation einer Stadt. In Anbetracht der deutschen Siedlungssituation und den diversen Herausforderungen, die sich den Städten stellen, ist es nötig neue und alternative Wege in der Stadtentwicklung einzuschlagen. Ob und in welchem Umfang das Smart City Konzept ein Lösungsansatz bietet ist zentrale Fragestellung der Arbeit.

## 3.2 Herleitung der Hypothesen

Mit Bezug auf die der Arbeit zugrundeliegenden Fragestellung werden gegenwärtig die Hypothesen formuliert. Die erste Hypothese befasst sich mit der Annahme, dass deutsche Städt kein Interesse an der Entwicklung eines Smart City Konzeptes haben. Besteht von Seiten der Städte kein Bedarf ein Smart City Konzept zu integrieren, ist die Diskussion über Anwendungsmöglichkeiten und Chancen hinfällig.

Die zweite Hypothese beschäftigt sich mit dem Anwendungsspektrum des IoTs im Bezug auf die Smart City. Die Aussage: Das Internet der Dinge ist in zu wenigen Bereichen der Stadt integrierbar, um ein einheitliches Smart City-Konzept zu statuieren. Die Anwendungsgebiete des IoTs innerhalb einer Stadt sollen analysiert werden um auf die Nützlichkeit schließen zu können.

Die letzte Hypothese, die gleichzeitig im direkten Bezug zur Fragestellung steht, sagt aus, dass die Smart City als Lösungsansatz zur Bewältigung aktueller Problematiken, wie dem Klimawandel oder der Urbanisierung, dienen kann.

## 3.3 Beantwortung und Bewertung der Hypothesen

Nach der Analyse der vorhandenen Fakten lässt sich festhalten, dass die erste Hypothese als nicht zutreffend zu erachten ist. Das Interesse an dem Internet der Dinge ist

---

[27] Vgl. Lauzi, Markus: Smart City: technische Fundamente und erfolgreiche Anwendungen, München, 2019, S. 22f.

immens und auch die Möglichkeiten, die durch Smart City Projekte entstehen, finden hohe Zuwendung. Wie in Kapitel 2.6 gezeigt, gibt es innerhalb der deutschen Städte unterschiedlichste Projektansätze in der Umsetzungsphase, die alle das Ziel haben heutige Städte mobiler, digitaler und effizienter zu gestalten. Die Strategien und Kernziele sind von Projekt zu Projekt unterschiedlich, dennoch wird die Smart City als ein neuer Weg angesehen, den man gehen möchte. Die in dieser Arbeit angeführten Projekte sind nur zur Veranschaulichung dienende Beispiele und spiegeln nicht die breite an existierenden Projekten wieder. Innerhalb Deutschlands existieren eine Vielzahl an Projekten, die entweder durch Investoren unterstützt oder durch die Bundesrepublik Deutschland gefördert werden. Das Bundesministerium des Innern, für Bau und Heimat unterstützt innerhalb ihres Förderprogramms „Modellprojekt Smart Cities" ausgewählte Kommunen in ihrer Absicht die Stadtentwicklung zu digitalisieren und nachhaltiger zu gestalten.[28] Zudem hat das Bundesinstitut für Bau-, Stadt- und Raumforschung eine Smart City Charta herausgegeben, um die Kommunen für die digitale Transformation zu sensibilisieren und ihnen einen Leitpfaden für die Stadtentwicklung an die Hand zu geben.[29]

Auch wenn die Projekte in ihren Größen und Strategien unterschiedlich sind, verbindet alle der Anspruch an eine nachhaltigere und effizientere Stadtentwicklung und Organisation. Die Akzeptanz gegenüber der digitalen Transformation innerhalb der deutschen Städte ist groß und der Innovationsgeist im Hinblick auf die Statuierung einer Smart City entwickelt immer neue Strategien.

Nachdem die erste Hypothese als nicht zutreffend einzustufen ist, stellt sich die Frage inwiefern die zweite Frage als richtig anzusehen ist. Das Internet der Dinge ist durch die Mikroprozessortechnik und durch das Internet in nahezu jedem Gegenstand integrierbar. Dies ermöglicht ein weitreichendes Anwendungsspektrum, unter anderem innerhalb der Stadt. Im Bezug auf die Handlungsfelder einer Kommune kann das Internet der Dinge in allen Bereichen angewendet werden, um beispielsweise die Sicherheit der Einwohner zu gewährleisten oder die technische Versorgung zu optimieren. Dem Innovationsgeist und der Kreativität sind dabei keine Grenzen gesetzt. Zur Verbesserung der Sicherheit innerhalb einer Stadt können beispielsweise Sensoren und Kameras in den Straßen und an Gebäuden dazu beitragen, dass bei Gefahren der Standort und die Art der Gefahr schneller an die zuständige Einsatzleitung übermittelt wird. Dadurch

---

[28] Vgl. Pressemitteilung Bundesministerium des Innern, für Bau und Heimat: 32 Modellprojekte Smart Cities ausgewählt - Seehofer: Kraftvoller Impuls für die Digitalisierung unserer Kommunen, auf: https://www.bmi.bund.de/SharedDocs/pressemitteilungen/DE/2020/09/smart-cities.html, 28.09.2020

[29] Vgl. Bundesinstitut für Bau-, Stadt- und Raumforschung: Smart City Charta - Digitale Transformation in den Kommunen nachhaltig gestalten, auf: https://www.bmi.bund.de/SharedDocs/downloads/DE/veroeffentlichungen/themen/bauen/wohnen/smart-city-charta-langfassung.pdf?__blob=publicationFile&v=7, 25.09.2020

kann schneller reagiert werden und beispielsweise der Verkehr von der Gefahrenstelle weggeleitet werden. Im Bezug auf die technische Versorgung kann das Internet der Dinge helfen Wasser- und Abwasserkanäle zu überwachen und bei Verstopfungen oder Problemen dafür sorgen, dass schnell eine Lösung gefunden werden kann. Außerdem helfen Sensoren bei der Optimierung der Abfallentsorgung, indem Sensordaten Füllstände senden und Routen der Müllabfuhr dementsprechend geplant werden. Dies führt zu weniger Verkehr und einer besseren Nutzung von Ressourcen. Gleichzeitig führt die Vernetzung des Verkehrsnetzes und von Parkplätzen gleichermaßen zu einem geringen Verkehrsaufkommen und zu höherer Mobilität. Smart City Technologien sind ebenfalls in der kommunalen Verwaltung anwendbar und ermöglichen eine schnellere und transparentere Bearbeitung von Aufgaben und Problemen.[30]

Die angeführten Anwendungsmöglichkeiten zeigen nur ein Bruchteil des Anwendungsspektrums durch das Internet der Dinge, beweisen aber dennoch, dass das Internet der Dinge vielfältige Nutzungsmöglickeiten bereitstellt und in unterschiedlichen Bereichen der Stadt Anwendung finden kann. Wie in Kapitel 2.5 thematisiert, lässt sich zudem mithilfe des Internet der Dinge Technologie ein digitaler Schatten von der Stadt anfertigen. Durch den digitalen Schatten lassen sich die unterschiedlichen Anwendungsgebiete innerhalb der Stadt vernetzen und bekommen gleichzeitig die Möglichkeit untereinander zu kommunizieren. Dadurch werden die autarken Anwendungsgebiete zu einem Gesamtkonzept der Smart City statuiert, in dem alle Bereiche miteinander verbunden sind. Durch diese Fakten stellt sich die zweite Hypothese als ebenfalls nicht zutreffend heraus.

Die letzte Hypothese lässt sich als zutreffend klassifizieren. Die Technologien einer Smart City bieten durch ihre Innovationen die Möglichkeit alternative Wege in der Stadtentwicklung und Planung einzuschlagen. Wie die zweite Hypothese aufzeigt, sind die Handlungsfelder des IoT breit aufgestellt und können dadurch auf unterschiedlichste Problematiken einwirken. Einerseits können innerhalb der Stadt mithilfe des IoT spezifische und stationäre Hindernisse angegangen werden. Andererseits kann durch die Integration einer Smart City die Stadt als Ganzes gegen Herausforderungen zusammenwirken. Wenn wir die Stadt wie in Kapitel 2.3 als Ökosystem verstehen, in dem alle Bereiche und Akteure Einfluss auf das Gleichgewicht und die „Gesundheit" der Stadt nehmen und somit letztendlich auch auf die Lebensqualität der Bewohner, kann die Vernetzung durch den digitalen Schatten die Organisation und Zusammenwirkung der Protagonisten vereinfachen. Da nur durch das Zusammenwirken der unterschiedlichen Protagonisten eines Ökosystems ein gesundes Gleichgewicht geschaffen werden

---

[30] Vgl. Hryzhnevich, Alexander: IoT- Anwendungsfälle für Smart City, auf: https://www.scnsoft.de/blog/iot-smart-city-beispiele, 28.09.2020

kann, ist es von großer Bedeutung Transparenz und Interessenaustausch innerhalb der Stadt zu fördern. Durch die Vernetzung der Stadt lassen sich nicht nur Handlungsfelder besser organisieren, sondern auch die Transparenz und der Austausch zwischen den Akteuren wird gefördert. Die Integration einer Smart City vereint alle Bereiche einer Stadt zu einem großen komplexen Gefüge, in dem durch Kommunikation gemeinschaftliche Probleme und Hindernisse besser bewältigt werden können. Gleichzeitig bietet die Vernetzung der Stadt zu einem gesamtheitlichen Organ den Vorteil, dass Schwachstellen schneller identifiziert werden und große Herausforderungen als kompaktes System besser angegangen werden können. Problemen wie dem Klimawandel können erst entgegengewirkt werden, wenn viele Bereiche gemeinschaftlich Änderungen vornehmen.

Auch wenn die Smart City nicht die ultimative Lösung für alle Probleme bietet und da hingehende Projekte erst gegenwärtig Einzug in die Städte erhalten, bieten die Technologien heute schon Lösungsansätze für viele Problematiken. Denn es lässt sich festhalten, dass durch das Internet der Dinge und durch die Entwicklung von Smart Cities neue Innovationen die Stadt erobern, die die Lebensqualität der Städte steigern und eine ressourcenschonendere und effizientere Stadtentwicklung zulassen. Die Smart City kann als Lösungsansatz für viele Probleme verstanden werden, da sie durch die vielfältigen Anwendungsmöglichkeiten und Technologien einen großen Spielraum für neue und alternative Wege bietet.

# 4. Schlussteil

## 4.1 Limitation

Die zentrale Limitation der vorliegenden Arbeit ergibt sich aus der Komplexität der verwendbaren Literatur. Das Internet der Dinge ist ein weitreichendes Thema mit vielen Anwendungsfeldern, das in vielen literarischen Arbeiten diskutiert wird. Durch die Weitläufigkeit des Themas ergeben sich viele Literaturquellen, die jedoch im Bezug auf die Smart City weniger treffende Diskussionen führen. Hinzu kommt, dass der Bereich der Smart City individuell interpretierbar und anwendbar ist. Die Komplexität und Individualität der Stadt und damit auch der Smart City spiegelt sich in der vorhandenen Literatur wieder, was zu Unmengen an unterschiedlichen Diskussionen führt. Als Limitation kann außerdem angeführt werden, dass innerhalb der Arbeit die Smart City im Allgemeinen betrachtet wird und spezifische Bereiche weniger stark beleuchtet werden. Das Konzept einer intelligenten Stadt wird hinsichtlich ihrer Nützlichkeit analysiert, dabei wird weniger auf die unterschiedlichen Bereiche, die ein solches Konzept umfassen, eingegangen. Die unterschiedlichen Bereiche, in denen eine Smart City Technologien anwendbar ist, sind ihrerseits komplex und bedürfen weiterer Betrachtung. In diesem Zusammenhang müssten zukünftige Forschungen die einzelnen Bereiche näher beleuchten und ihre Zweckmäßigkeit für eine Steigerung der Lebensqualität prüfen. Zu guter Letzt lässt die Arbeit den Ressourcenbedarf, der für einen Aufbau einer Smart City benötigt wird, unbeachtet. Deshalb ist es sinnvoll in zukünftigen Arbeiten die Hemmnisse und Einschränkungen innerhalb einer Smart City Integration tiefer zu analysieren.

## 4.2 Ausblick

Das Internet der Dinge wird weiter wachsen und durch neue Technologien werden neue Möglichkeiten entstehen. Obwohl das Internet der Dinge in vielen Bereichen schon weitreichend Anwendung findet, steht es noch in seinen Startlöchern. Vor allem die Smart City ist mehr eine Vision als Wirklichkeit und lediglich durch Kreativität und Innovationsgeist lassen sich die Dimensionen der Anwendungsmöglichkeiten erahnen. Die Smart City wird sich entwicklen, weniger als eine sterile Smart City-Konzeption, dafür integriert in das heterogene Umfeld einer Stadt. Als ein wichtiger Bestandteil der Stadt werden Smart City Projekte das Stadtbild formen und das Leben der Stadtbewohner verändern. Die Smart City Anwendungen, die heute schon existieren, werden Wegweiser für neue Projekte sein, die sich den Herausforderungen stellen und neue Lösungsansätze für eine bessere Lebensqualität versuchen zu finden. In welcher Form sich Smart Cities entwickeln werden und in welcher Intensität Smart City Projekte auf die heutigen Städte Einfluss nehmen werden, bleibt abzuwarten. Ebenso bleibt es der Zukunft überlassen, welche weiteren Technologien innerhalb des Internet der Dinge Einzug in unsere Städt erhalten werden.

## 4.3 Fazit und Zusammenfassung

Ziel dieser Arbeit war es, die Möglichkeiten und Handlungsfelder einer Smart City herauszustellen und festzuhalten, inwiefern diese für deutsche Städte zur Bewältigung heutiger Herausforderungen hilfreich ist. Mit Hilfe der Hypothesen wurde die Erkenntnis gewonnen, dass die vielfältigen Anwendungsmöglichkeiten einer Smart City und die entstandenen Technologien durch das Internet der Dinge eine weitreichende Anwendung in den deutschen Städten findet. Dabei stellte die erste Hypothese heraus, dass das Interesse in den deutschen Städten an Smart City Technologien offenkundig existiert und unterschiedliche Smart City Projekte bereits in der Umsetzungsphase stecken. Die zweite Hypothese verdeutlicht die Vielfältigkeit einer Smart City und bildet die Argumentationsgrundlage der dritten Hypothese, das Smart City Konzepte Lösungsansätze zur Bewältigung aktueller Herausforderungen liefern. Die Technologie, die durch das Internet der Dinge besteht, ist in allen Bereichen einer Stadt individuell einsetzbar und bietet dadurch einen weitreichenden Lösungsansatz für unterschiedliche Problematiken. Die Smart City lässt sich egal in welches Handlungsfeld einer Kommune integrieren und unterstützt die Organisation und Planung der Stadt. Gleichzeitig lässt sich durch eine Smart City Anwendung die Lebensqualität der Bürger verbessern und kann in vielen Bereichen das Leben vereinfachen. Die Komplexität einer Stadt kann durch die Integration eines digitalen Schattens erfasst und vereinfacht werden. Kommunikation und Transparenz werden zu Gunsten der Nachhaltigkeit und Effizienz der Stadt gefördert.

Abschließend ist festzuhalten, dass Smart City Projekte weiter in deutsche Städte Einzug erhalten und die Stadtentwicklung beeinflussen werden. Durch ihre zukunftsorientierte Anwendung werden sie die Effizienz und Nachhaltigkeit der Städte fördern und einen ressourcenschonenderen Umgang pflegen. Durch Smart City Anwendungen entstehen neue Möglichkeiten für deutsche Städte und aktuelle Herausforderungen können schrittweise angegangen werden.

# Literaturverzeichnis

**Bundesinstitut für Bau-, Stadt- und Raumforschung:** Smart City Charta - Digitale Transformation in den Kommunen nachhaltig gestalten, auf: https://www.bmi.bund.de/ SharedDocs/downloads/DE/veroeffentlichungen/themen/bauen/wohnen/smart-city-charta-langfassung.pdf?__blob=publicationFile&v=7, 25.09.2020

**Bundesministerium des Innern, für Bau und Heimat:** Modellprojekte Smart Cities, auf: https://www.bmi.bund.de/SharedDocs/downloads/DE/publikationen/themen/bauen/ wohnen/kurzbeschreibung-modellprojekte-smart-cities.pdf?_blob=publicationFile&v=3, 28.09.2020

**Bundesministerium des Innern, für Bau und Heimat:** 32 Modellprojekte Smart Cities ausgewählt - Seehofer: Kraftvoller Impuls für die Digitalisierung unserer Kommunen, auf: https://www.bmi.bund.de/SharedDocs/pressemitteilungen/DE/2020/09/smart-cities.html, 28.09.2020

**Difu:** Difu-Umfrage: Wohnraummangel ist derzeit die größte Herausforderung für die Städte, auf: difu.de/12576, 28.09.2020

**Duden,** auf: https://www.duden.de/rechtschreibung/Kommune, 15.09.2020

**Feess, Eberhard; Günther Edeltraud:** Ökosystem, auf: https://wirtschaftslexikon.gabler.de/definition/oekosystem-46538, 28.09.2020

**Frank, Elena; Hildebrandt, Jens; Pardon, Beatrice; Vandamme, Ralf:** Verwaltungshandel, auf: https://www.bpb.de/izpb/257303/verwaltungshandeln?p=0, 27.09.2020

**Gassmann, Oliver; Böhm, Jonas; Palmié, Maximilian:** Smart City Innovationen für die vernetzte Stadt – Geschäftsmodelle und Management, München 2018

**Hadzik, Tobias:** Smart Cities - Eine Bestandsaufnahme von Smart City-Konzepten in der Praxis, Köln 2016

**Henninger, Sascha:** Stadtökologie: Bausteine des Ökosystems Stadt, Paderborn 2011

**Hryzhnevich, Alexander:** IoT- Anwendungsfälle für Smart City, auf: https://www.scnsoft.de/blog/iot-smart-city-beispiele, 28.09.2020

**Kaufman, Timothy; Servatius, Hans-Gerd:** Das Internet der Dinge und Künstliche Intelligenz als Game Changer, Springer Fachmedien Wiesbaden 2020

**Lampen, Angelika und Schmidt, Christine D.**: Stadtbegriff, auf: http://www.staedtegeschichte.de/einfuehrung/Definitionen.html, 27.09.2020

**Lauzi, Markus:** Smart City: technische Fundamente und erfolgreiche Anwendungen, München 2019

**Luber, Stefan; Litzel, Nico:** Definition Was ist das Internet of things?, auf: https://www.bigdata-insider.de/was-ist-das-internet-of-things-a-590806/, 28.09.2020

**Online-Redaktion zukunftsInstitut:** Urbanisierung: Die Stadt von morgen, auf: https://www.zukunftsinstitut.de/artikel/urbanisierung-die-stadt-von-morgen/, 28.09.2020

o.V.: Smart City, auf: https://www.itwissen.info/Smart-City-smart-city.html, 27.09.2020

**Ravin, Dimitri:** Stadtentwicklung erklärt, auf: https://urban-digital.de/stadtentwicklung/#3_Determinanten_der_Stadtentwicklung, 27.09.2020

**Rüthers, Monica:** Städte im Wandel, auf: https://www.bpb.de/politik/innenpolitik/stadt-und-gesellschaft/216894/geschichte-der-stadtentwicklung?p=0, 27.09.2020

**Sonne, Wolfgang:** Urbanität und Dichte im Städtebau des 20. Jahrhunderts, Bremen 2016

**Statista 2020:** Urbanisierungsgrad: Anteil der Stadtbewohner an der Gesamtbevölkerung in Deutschland in den Jahren von 2000 bis 2019, auf: https://de.statista.com/statistik/daten/studie/662560/umfrage/urbanisierung-in-deutschland/, 28.09.20202